어느 여인

어느 여인

초판 1쇄 인쇄 2018년 11월 15일
초판 1쇄 발행 2018년 11월 20일

지은이 | 김두리
그 림 | 김두리
펴낸이 | 金泰奉
펴낸곳 | 도서출판 띠앗
등 록 | 제4-414호

편 집 | 박창서, 김수정
마케팅 | 김태일

주 소 | (우05044) 서울시 광진구 아차산로 413(구의동 243-22)
전 화 | (02)454-0492(代)
팩 스 | (02)454-0493
이메일 ddiat@ddiat.co.kr
홈페이지 www.ddiat.co.kr

값 10,000원
ISBN 978-89-5854-120-2 (03810)

한 여인의 기구한 운명, 시와 눈물이 담긴 작은 이야기

어느 여인

글 · 그림 김두리

도서출판 띠앗

작가의 말

시와 에세이를 두서없이
시간 나는 대로 적어봤습니다.
부담 없이 읽어주시기 바랍니다.

'Chapter 4 작은 이야기'에서
'어느 여인'은 에세이로
한 여인의 한(恨)과 정(情)을 보고 느낀 것을
나름대로 정리하여 썼습니다.

과거 우리네 어머니들이 겪었던
가부장적 시대의 모순을 적어보려 했습니다.
그 시대의 가난과 눈물로 얼룩진 세월을
어떻게 글로 표현할 수 있겠습니까?

끝으로 제 책을 구매하여 끝까지 읽어주셔서
감사합니다.

김두리 씀

차례

Chapter 3

Chapter 4 작은 이야기

Chapter 1

잔잔한 꽃잎

도로변 길 가다가
작은 화분에
아주 작고 예쁜 보라색 꽃이
한 바구니 피어 있었다
탐스러워 가까이 가서
보았다
가까이 가서 보니
아주 섬세하고
정숙 단아하고
얌전하게 피어 있었다
꽃들은 다 예쁘지만
유독 보랏빛이라
더 예쁜 것 같다
잔잔한 꽃잎들이 가지런히
한 폭의 정물화같이 있어
가던 길 멈추고
그 앞에 서 있다가 갔다

비

비가 내리니 좋다
우산 쓰고 걷는 것도 좋다
답답한 마음을
시원하게 해주는 것 같기에
더욱 좋다

마음 편하게 살아가는 것
얼마나 행복한지 모른다

그렇지 않은 사람도 많지만
이렇게 비가 한 번 내려주면
마음속 복잡함도 씻어 내려가는 것 같다

근심 없는 사람 없겠지만
근심 없이 살고 싶다

힘들게 하는 것들이 다
이 비와 함께 사라졌으면 한다
오랫동안 힘들게 했으니까
이제 그만 편하고 싶다

열매

앙상한 나뭇가지에
여기저기 새싹이 돋아나더니

어느덧 큰 잎사귀들로
나뭇가지를 가려주더니

숨은 나뭇가지 사이로
풍성한 열매들이
주렁주렁 열려 익어가고 있었네

무성한 잎사귀 사이로
탐스럽고 풍성한 열매들을
보기만 하여도
배부른 느낌

내 마음도 풍성해지고
행복해진다

동상

겨울이 되어 특히
많이 추운 날은
유독 발만 꽁꽁 얼어
발이 차갑다

보온 양말과 스팀 속에
발을 넣고 있어도
겨울만 되면 발이 얼어서
동상에 잘 걸린다

저녁 퇴근 후
따뜻한 물에 발을
담글 때가 너무 좋다
온몸이 노곤해지며
긴장이 풀어진다

동상에 걸리면
가려워서 짜증난다
겨울이 다가오니
또 발 걱정이 된다

들꽃

길가에 이름 모를
작은 예쁜 꽃
그 꽃은 들꽃
가만히 들여다보니
정말 예쁘다

아무도 가꾸어주지 않아도
스스로 예쁘게 핀다
색깔도 종류도 여러 가지

그래도 잡초보단 낫다
이름도 있고
뽑혀 버려지지도 않으니

지나가던 사람들에게
예쁜 꽃으로 시선도 끌며
조그만 꽃의 매력에
가던 발길 멈추게도 한다

제비꽃

돌팍 사이에서
“날 좀 봐 주세요”
라고 소리치듯이

어여쁜 자태로 뽐내고 있다
보랏빛의 마력에
저절로 빠져든다
나도 모르게 “예쁘다”라는 말이 나온다

주위는 비록 초라한
길거리지만 주위와
어울리지 않게
혼자만 어여쁘게
피어 있으니까
더 돋보인다

돌멩이들 사이로
고귀한 자태와
도도한 모습으로
매력을 발산하고 있다

시멘트 꽃

시멘트 바닥 좁은 틈 사이로
예쁘고 조그마한 꽃이 피어 있다
신기해서 다닐 때마다
시선이 자꾸 간다

어떻게 저런 곳에
꽃이 피었을까
강한 생명력에
다시 한 번 더 보고 간다

한 달이 지났는데
아직도 피어 있다
오래 볼 수 있게
해주어 감사하다

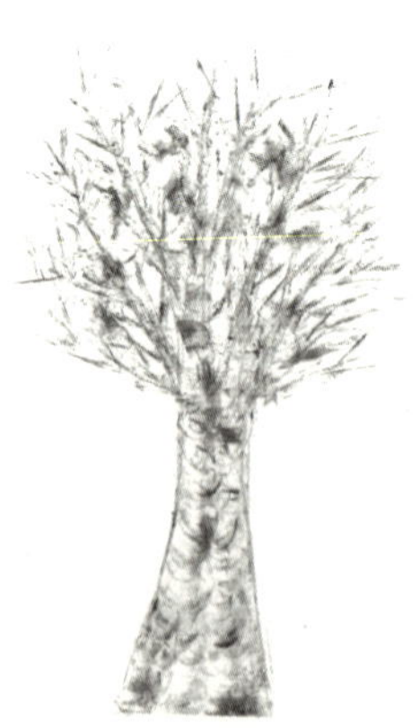

볼 때마다
잠깐이나마 감동과
기쁨을 받고 간다

구슬

줄이 끊어져
구슬이 와르르 흩어진다
찾아봐도 한 개가 안 보인다

그냥 포기했다
"언젠간 나오겠지"라며

찾으려 하면 안 보이고
잊을 만하면 나타나고
잡으려 하면 도망가듯이

"인연이라면 보이겠지" 하며
한 발 물러서니

저 멀리서
"나 여기 있어요"라며
빛을 발산하고 있다

역시 인연이라면 언젠간
만나듯이 나타나게 된다

갈대

이리저리 맥없이
계속 흔들거린다

중심을 잡을 수가 없다
계속 흔들흔들
가만히 있질 않는다

어쩌란 말인가
갈대로 태어난 것을
어쩌란 말인가
자기 마음 자기가
잡지 못하는 것을

생긴 대로
태어난 대로
살아가야겠지
흔들흔들거리며

나뭇가지

앙상한 마른 가지에
송곳처럼 여기저기
삐죽삐죽 나오더니

어느 순간 푸르런
잎으로 무성히 자란다

어느 순간 나뭇가지가
안 보일 정도로 초록 푸르른 색
잎사귀로 무성해진다

어느 순간 붉고
누런 색깔 옷으로 바꿔 입는다
그 옷이 금방 싫증났는지
벗어버린다

다시 앙상한
나뭇가지들로 돌아간다

대나무

하늘 높은 줄 알고
계속 올라만 가는구나

마디마디 쉬어가며
옆도 보지 않고
오직 하늘만 바라보며

주위 유혹에
현혹되지 않고
한 곳만 바라보며

고집스러우나
그것이 매력인
대나무

대나무처럼
우직한 성품이
부럽다

이슬

아침 햇살에
다이아몬드처럼
영롱한 빛을
발산하는구나

오색 빛으로
몽글몽글
포도알처럼
맺혀 있네

가지고 싶어 만지면
신기루처럼
사라지겠지

그저 바라보는 것만으로
만족해하며
보고 또 봐도
맑고 깨끗하고
예쁜 빛을 내는
아름다운 이슬

시냇물

가는 물줄기가
조용히 흘러가다가

좁은 길에서는 친구들과
요란하게 수다를 많이 떨고

웅덩이를 만나면 조용히
친구들과 천천히 수다 떨다가

낭떠러지를 만나면
하얀 구슬을 만들어가며
힘차게 흘러내린다

거쳐 오는 길에 좋은 친구
나쁜 친구들을 만나서
수다를 떨다 보니

어느새 큰 바다에 도착한다
이제야 긴 숨을 내쉬며
편안히 안착한다

계절

어쩜
계절은 약속을 잘 지키는가

때가 되면
약속이나 한 듯이
반갑게 어김없이 나타난다

바쁜 일상생활 속
계절을 잊고 있을 때
불현듯 찾아와서 알려준다

정직한 계절에 감사하며
우리도 정직하게 살아야겠지
우린 행복한 사람들이다

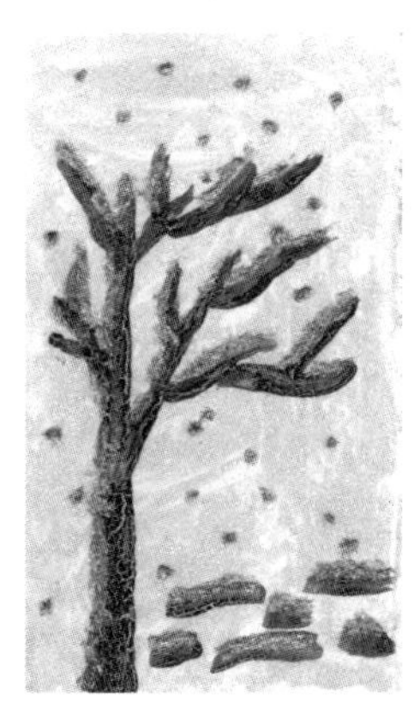

시원한 바람

모처럼 이렇게
시원한 바람을
맞이한다

여름 내내 많은 땀을 흘렸는데
이렇게
시원한 바람이 불다니
가슴이 놀랄 정도다

이 시원한 바람을
온몸으로 다 만끽하고 싶었다
숨을 한 번 크게 쉬어본다

고맙고 반가운 바람아
내 가슴속 답답함까지
시원하게 뚫어다오

은행잎

하늘에서 금이 우수수
쏟아져 내린다
거리가 온통 누런 황금빛으로
물들었다

바람이 불어와 금빛이 출렁인다
눈부실 정도로 반짝이며
이리저리 나뒹군다

한 움큼 쥐어 머리 위로 뿌리며
뱅글뱅글 돌아보고 싶다
연예인들이 하는 것처럼

아름다우니까
온몸으로 아름다움에
취하고 싶어서…

비

비가 오는 날은 기분이 좋다
답답한 가슴에
빗줄기가 가슴을 쓸어 내려주니

바닥에 톡! 톡! 소리를 내면서
퍼지는 모습이 한없이 더 예쁘다

빗줄기를 아무 생각 없이
그냥 멍하니 쳐다만 보고 있다

빗줄기 소리에 마음도 차분해진다
하얀 끈처럼 줄줄이 내려오면서
부서진다

톡! 톡!
탁! 탁!
소리 내면서…

오십(50)

오십(50)이라는 승차역이 있다
그 열차엔 열두 칸의 방이 있다
각 방마다 이름이 있다

슬픔, 기쁨, 반가움, 갈등, 행복
허무, 희망, 낭만, 소망, 배신
미움, 저주의 방들

방마다 손님들로 가득
각자의 마음들을 쏟아낸다
각 방의 사연들을 듣다 보니
365일이 흘렀다

어느덧 다음 도착역인
오십일(51)이라는 역에 도착했다

기차는 다음 역을 향하여
또 달려간다

짐

무거운 짐
가벼운 짐
마음먹기 나름이다

인생 자체가 짐인 것을
남에게 맡기는 것도 짐
어차피 지고 가야 하는 짐

가벼운 마음으로
가볍게 지고 나가자

무겁다고 내려놓을 때는
도착역이 다가왔음이다

무겁다고 내려놓지 말고
가벼운 마음으로 지고 가자

삶

살아가는 것이 힘들다
매일 힘겨운
삶에 자꾸 기운이 없어진다

요란스런 주위 소음과
복잡한 머릿속
몸에 힘이 빠지고
목소리는 조그맣게 작아진다

발걸음도 기운이 없어
처벅처벅 걸어간다

매일 쳇바퀴 도는 삶
매일 힘든 나날들

잠깐 멍하니 앞만 바라본다
아무 생각 없이…
달라질 것도 없기에

하고픈 말

할 말은 많으나 하지 않고
할 말을 하고 싶으나 하지 않고

다 잊자
다 이해하자라며
또 넘어간다

시간이 흐르면
아무 일 없듯이 묻혀지지만
순간 문득 떠오르는 생각들에
속상한 생각이 불현듯 난다

할 말을 하면 큰소리가 나니까
서로 각자 생각이 맞다고 하니까
큰소리가 싫어서

이젠 지쳐서 그냥 넘어간다
또 가슴 한켠에 새겨놓으면서…

정답

정답이 무엇인지 모르겠다
어떤 게 정답인지
답을 찾기까지 미로 같은 길을
찾아 헤맨다

답을 잘 찾는 사람들을 보면
부럽기도 한데
힘들게 찾은 것이 오답이었다면

그 마음 얼마나 좌절될까
좌절 후 다시 시작한다

이번에 좌절하지 말자며
열심히 노력한다
정답을 찾으려고 애를 쓴다
오늘도 정답을 향하여 노력한다

하루

어제와 똑같은 오늘을 맞이한다
이것저것 정신없이 바쁘게
움직이다 보니
어느덧 점심시간이 되었다
오후 되니 나른해진다
사는 것이 고달프다
좀 쉽게 가고 싶은데
맘먹은 대로 되지 않는다

멀리서 보면
쉬운 인생 사는 것 같아 보여도
그 나름대로 다들 힘든 삶이겠지
쉽게 사는 인생들을 보며
부러움도 잠시
가는 길들이 다르니까
나의 일에 충실히 하는 게
쉽게 가는 길이겠지라고
혼자 마음을 다독인다

항상

항상!
그대로인 것에 고맙고
변치 않는 것에 감사하다

항상!
열심히 사는 것에 감사하고
노력하는 모습에 감사하다

항상!
바쁘게 움직이는 모습에 감사하고
미소 짓고 있는 모습에 감사하다

항상!
친절한 것에 감사하며
감사하는 것에 감사하다

베풂 1

받으려는 마음 없이 베푸는 것
받으려는 마음 없이 주는 것
조그마한 것도 나누는 것
누가 시키지 않아도
스스로 베푸는 것
대가를 기대하지 않고
베푼다는 마음가짐은
천사와 같다

착한 사람 옆에
착 달라붙어 뜯어가는
나쁜 사람도 있지

한없이 베푸는 사람과
뜯어가는 사람들이
같이 가는 사회
그런 착한 사람들을
사람들은 바보로 취급하지

미움

미워하지 말아야지
아무 감정 갖지 말자고
다짐해 본다

내 자신이 더 미운 행동
많이 했는데

내가 무슨 자격으로
남을 미워하는가

살아간다는 게 참
복잡하고 힘들지만

미워하고
미움 받을 행동하고

용서도 하고
용서도 빌어보기도 한다

착한 마음

마음을 비우는 게 쉽지 않은데
잠시나마 착한 마음을 가져본다

마음을 가라앉히니
괜스레 마음이 찡해 온다

하얀 종이에 먹물이 여기저기
많이 튀어 더러움이 타 있다

죄를 짓지 말고
착하게 살아야 되는데
오염 속에 물들어
나쁜 마음이 가득 차 있다

잠시나마 용서를 빌어본다
착하게 살겠다고 참회한다

오염되어 있지만
더 이상 오염되지 말자고
반성해 본다

이별

만남보다 더 큰 아픔
이별로 한 사람은 슬피 운다
멀리 간 님의 생각은 모르겠지만

남은 님은 그리움에
사무치며 눈물 흘린다
오늘도 그리움에 가슴 아파한다

헤어진다는 건 정말 괴로운 일인데
어차피 한 번은 헤어지는데

혼자 멍하니 앉아 눈물만 흘리네
이별이 올 거란 걸 알면서도
잘 안 되는 게 정인가 보다

산

오랜만에 산에 올라와 보니
변한 것은 없어 보이는데

변한 것이라곤
오직 우리들만

수많은 사람들이 왔다 갔지만
우두커니 그 자리들을 지키고 있다

변하지 않고 그 자리를 지키고
있다는 것에 감사하며

항상 우리들을 반겨주니
얼마나 감사한가

우리도 몸은 변하더라도
마음만이라도
변치 않았으면 한다

빈 그릇

그릇 종류도 여러 가지
걱정도 여러 가지

각 그릇 크기에 따라
걱정을 담아두었다면

그 그릇을 깨끗이 비우고
씻어서 웃음과 행복으로 담아야지

그릇을 비우고 씻는다는 게
힘이 많이 든다

비우기가 쉽지 않지만
깨끗이 비우고 닦아서

각자 그릇 크기에 맞는
행복과 웃음을 담아보자

끈

우리의 인생은
만남의 연속이다

보이지 않는 여러 종류의
끈으로 연결되어

끊어질 듯하면서
계속 만나고
또 만나게 된다

인연의 연속이랄까

짧고 길고 꼬여진 끈
여러 종류의 끈들
꼬리를 물고 이어진다

인연의 끈이 끝날 때쯤
인연도 마감 되겠지

여정

산길을 힘들게 올라가다가

숨이 가파라져서 잠시 돌팍에
걸터앉아 고개를 들어보니

나뭇가지들도 힘들어
처져 있어 보였다

순간
모든 생명체들이
살아간다는 것이

얼마나 힘든 여정인지
마음이 찡해졌다

그래도 살아 있는 동안은
열심히 노력해야겠지라며
다시 한숨을 쉬며 올라간다

야생화

높은 곳을 올라온다고

고생 많이 했다고
길가 야생화들이

여기저기 흔들흔들
고개를 흔들며 반긴다

예쁜 꽃들이 더 예뻐 보인다

살랑살랑
흔들흔들

여기저기 오색 꽃들이
환영해 준다

가까이 가서 쓰다듬고 싶었다

순간 힘든 것도 다 잊고
입가 미소가 그려졌다

님

사랑하는 님을 만나려고
머나먼 길을 힘들게 찾아왔습니다

언제나 포근하고
내 소원을 다 들어줄 것 같으신 분
님을 만나려고 일 년을 기다렸습니다

오늘 이렇게 뵈니
얼마나 포근하고
감사한지 모릅니다

만나 뵙고 싶었지만
자주 찾아뵐 수 없었습니다

항상 맘속 한켠에 묻어두며
가끔 꺼내보곤 한답니다

언제나 옆에서 감싸주시니
그 고마움 어찌 잊겠습니까
사랑합니다

Chapter 2

인생

내 인생은 없다
난 내가 누군지 모르겠다
내가 아닌 내가
너무나 바쁜 일상 속
아무 생각 없이 보낸다

이게 내 인생인가
아니다라고 부정하고 싶다
힘들고 초라하다

잘 살아보려고
발버둥치는 모습
인생이 다 그렇지만

그냥 흘러가고 있다
바쁘게
힘들게
바보처럼

언덕길

온몸에 힘이 다 빠져
지쳐 올라오는 사람들

힘겨운 언덕길
숨은 헐떡이며
허리는 구부정하게
머리는 땅을 보며
삶의 무게를 안고서
인생의 언덕길을 올라온다

인생길이 평지만 있을 수 없겠지만
이 힘든 언덕길을 올라오면서
지나간 세월들이 문득 떠오르는지

잠깐 걸터앉아 생각에 잠긴다
여러 생각 속에 다시 올라간다
이게 나의 인생길인가라고 생각하며

리어카

리어카에 이불 보따리와
가전제품 몇 개를 올려
높은 언덕을
여러 번 힘들게 오르내리며
짐을 나른다

땀을 뻘뻘 흘리며
긴 숨을 몰아쉬며
햇빛도 안 들어오는 지하방에
습기와 곰팡이와 함께 지낸다

머나먼 타국에 돈 벌러 왔기에
싼 방을 찾아 옮기고 또 옮긴다
열심히 일하며 절약해서
오직 돈만 생각하고 힘든 일들을 한다

퇴근 후 고향 가족과의 영상통화로
하루의 피로를 뒤로하고
또 내일을 맞이한다

소음

주위가 너무나 시끄럽다
음악 소리
개 짖는 소리
차 소음

주차 때문에 싸우는 소리
듣고 싶지 않는 소리들
머리가 지끈지끈하다

복잡 다양한 사람들 속에
함께 있는 게 힘들다

조용한 산골이나
넓은 바닷가 앞에서
답답한 마음을 뚫고 싶다

잠시나마
조용한 곳에서
충전하고 싶다

하루역

매일 시작하는 하루가
새로운 열차에
오르는 느낌이다

오늘은
어떤 칸에
어떤 사람들이 탔을까

시끄러운 사람들이
많이 타고 있지
않았으면 한다

조용한 칸이었으면
생각하고
편안하고
아늑한 칸으로
승차하여 하루라는
도착역에 무사히
도착하고 싶다

먼 길

저 먼 길을 언제 가나
긴 한숨부터 나온다

한 걸음
한 걸음씩
발걸음을 내딛는다

어느새 중반까지 왔다
다 온 느낌이다

발걸음이 빨라지고
가벼워진다

힘든 기억 금방
다 사라지고
목적지만을 향해
힘차게 더
빨리 나아간다

선택

여러 많은 길 중에서
그중 내가 선택한 길
하필 그 길은 험난한 길이었다

눈보라에 온몸이 꽁꽁 얼고
비바람이 세게 몰아쳐
눈조차 제대로
뜰 수가 없었다

하지만 내가 선택하여
가고 있는 길을
포기할 순 없었다

저 멀리 있는
아지랑이 피는
곳을 향하여
어떠한 고난이 와도
난 가야 한다

내가 선택한 길이니까

발걸음

기운 없다
축 늘어진 어깨
힘없는 걸음걸이

가던 길 멈추고
잠깐 걸터앉아 쉬어도
마음은 편치 않다

가야 할 길이
기다리니까
다시 기운 차려 걸어본다

힘없는 발걸음을
내딛어본다
한 걸음
한 걸음

하염없이
터벅
터벅…

길

내가 가는 길이
힘들어도
나는 가야 한다

비바람이 몰아쳐도
나는
헤쳐 나가야 한다

눈물이 흐르면
눈물을 닦으며
나는 가야 한다

왜?

내가 가야 할
내가 선택한 길이니까
아무런 후회 없이
그냥 가야 한다

빈틈

울고 싶다
사는 게 힘들다

바쁘게 살다 보니
순간
놓치는 부분이 나온다

속상하다
완벽하게
하자 없게 하려고

노력한다고 해도
빈틈이 생긴다

맘 아프다

빈틈만큼
가슴앓이를 한다

망각

참!
좋은 단어다

망각이 유독
잘 발달되어
얼마나 고마운지 모른다

그 많은 사연들을
망각이 없었다면
실성했겠지

망각 때문에
때론
감사하기도 하고
속상하기도 하다

망각과 함께
우리도
망각 속으로
사라지겠지

먼저

한번 떠나가면
돌아올 수 없는데
이렇게
좋은 세상

갈 때 가더라도
먼저 가지는 말아야지
때가 되면
가기 싫어도 가야 하는데
삶이 싫을 때도 있지만
그 찰나만 벗어나면
모든 걸 순응하게 되고
용서가 된다

그리고 잊고 또
활기찬 내일을 맞이한다

먼저 가지는 말아야 된다

고통

힘들고 슬프다
세상 살아가는 것이
내 맘 같지 않다는 건
알고 있지만

다들 대단하다

여러 고통들을 잘
견뎌 나가는 것 보면
만만치 않은 삶들
소리 없이 오는 고통들

서로 배려하며
감싸주고
함께해 주면서
같이 가면
서로가 한결
가벼울 텐데…

열정

주어지면 항상
최선을 다한다
후회하지 않기 위해 노력한다
무슨 일이든 그냥
주어지는 게 아니니까
또순이처럼 일을 열심히 한다

그러다 보니
일에 서서히 중독자가
되어 있는 것 같다

일이 없으면
마음이 불안하다

남들은 나중에 후회한다고 하지만
지금은 그 말이 와 닿지 않는다
일이 재미있으니까
쉬지 않고 일을 한다

갈망

기원하다 못해
갈망한다

내가 원하는 것
내가 바라는 것
다 이루어지기를

조그마한 욕심을 내어본다
채울 수 있는 만큼은
채우고 싶고
다 이루고 싶다

노력한 만큼의 성과를
기다리는 것은
당연하겠지

원하는 대로
다 이루어지기를
오늘도 기도한다

책임

가시밭길을 헤쳐 나왔다
아무리 힘든 고통이어도
다 이겨 여기까지 왔다
오직 앞만 바라보았다

힘들어서 혼자
서러움에 눈물 흘리며
어려움을 견디어 왔다
고통스러워 세상을 끝내고
싶은 마음 가득하지만
세상 살아가야 되는 이유
힘들어도 슬퍼도
참고 살아가야 되는
이유가 있으니까

나는 없고
책임 완수하는 것밖에
내 임무 완수를 위해서…

눈물

산속에 들어갔다
조용하고 적막함 속에
계곡에서 물
흐르는 소리가
요란하게 들렸다

물줄기를 가만히
바라보니
그 작은 물줄기가
내 눈물 같아 보였다

구슬처럼 줄기차게
떨어지는 물방울들이
다 나의 눈에서 맺혀
떨어지는 것 같았다

모인 구슬들이
계곡 줄기를 타고
흘러간다

저 물줄기가 다
내 눈물인 것 같다

얼마나 많은
눈물을 흘렸는가

한없이 쳐다보니
다시 두 눈에
이슬이 맺힌다

혼돈

복잡하다 못해
머리가 아프다

컴퓨터에 에러가
날 것 같다
용량에 비해 너무 많은
내용을 삽입하려니
혼돈이 올 것 같다

다시 업그레이드 하려고 해도
할 만한 장소와 시간이
안 된다

혼돈 속에 바쁘게
하루를 보냈다

다시 내일의
혼돈을 준비한다

충전

아침에 기운차게 일어나
열심히 출근 준비한다
나를 예쁘게 다듬고
일을 시작한다

오후 되니 기운이 다 빠져
지쳐버린다
눈에 힘이 풀리고
목소리도 힘이 빠진다
빨리 가서 충전해야지
생각한다

하루 사용량은 정확한 것 같다
더 이상 충전은 안 된다
딱 나한테 필요한 만큼만
충전이 된다

오늘도 어김없다
내일을 위하여
충전하러 들어간다

예쁜 모습

예쁜 모습 그대로
멈출 수 있다면
더 늙지도 더
시들지도 않는다면

있을 수 없는 상상이지만
만물이 세월 따라 변하듯이
그 흐름대로 가야겠지

하지만
맘만은 그대로
멈추고 싶다

순수한 마음만은
그대로 간직해서
예쁘게 변한다면
겉모양새는
시들어진
모습이어도
예쁘게 보이겠지

감정

몸속에 여러 얼굴이
공존하는 것 같다
순간순간 변하는 얼굴 모습들

그 감정의 얼굴들이
여러 가지 모습으로 표현된다
내면의 감정 중에 유독
발달된 감정이 얼굴에
자주 표현되겠지

좋은 마음을 많이 가지면
보기 좋은 얼굴로 나타나겠지
항상 좋은 마음을 가지려고
노력한다면
항상 좋은 얼굴로

좋은 인상을 주어
돌아오는 것도
좋은 일들만 생기겠지

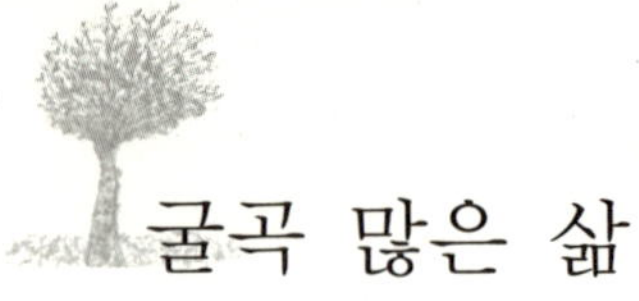

굴곡 많은 삶

이젠 모두를 이해하고
모두를 사랑하는 마음이
나도 모르게 몸에 배어 있었다

눈물 젖은 빵을 먹어보았기에
배고픔에 눈물 흘려보았기에
그 빵의 고마움을 알았기에

포용할 수 있는 마음이
몸에 젖어 있었다는 것을
나 자신도 몰랐었지

아옹다옹하다가도
돌아서는 마음이 생기기에
그래도 아직 멀었지만

항상 좋은 마음 가지려고
다짐한다

마음

각자 생긴 모양이
다르듯이
생각도 다 다르기에

그들 속에서
살아간다는 것은
많은 인내와
포용력이 필요하다

항상 밝고
좋은 마음으로
그들과 마주하려고 노력한다

세상은
내 마음먹기 듯이
내 마음으로
헤쳐 나가면 된다

모든 답은
내 마음속에 있으니까

눈

두 눈에 이슬이 맺혀 있다
항상 맺혀져 있는 이슬을
없애려고

괜스레 밝게 웃고 하여도
두 눈의 이슬은
사라지지 않는다

왜?
마음속 슬픔이 계속
자리하고 있으니…

언제나 밝은 햇살이 다가와서
이슬을 걷어주려나

너무 많은 이슬들이라서
금방 쉽게
사라지진 않을 거라고
생각은 하지만

그래도
항상 노력하며
슬픔을 물리치려고 한다

무거운 마음
마음속에 항상
걱정과 고민이 있다

누구나 마찬가지겠지만
걱정이 이젠 기도로
바뀌었다

마음속 기도가
소원성취 된다면
얼마나 좋을까

그렇게 마음먹은 대로
다 이루어진다면
정말 기분에
날개를 달겠지

항상 걱정이
기도로 변하여

소원성취 이루기 위해
열심히 노력들 하겠지

아름답다

아름답다는 것은
행복하다
모든 것이 아름답게
보일 때
그때는 내 자신이
아름다운
마음일 때이고
누군가를 사랑하고
사랑할 때
모두가 아름다워 보인다
모두 서로가 사랑할 때가
아름다울 때이고
그때가 행복할 때이다
내 마음에 따라 결정된다
모든 건 내 마음에 있으니까
항상 아름다운 마음을
지녀야겠지

하던 대로 하자

두툼한 종이가 가득 쌓여 있다
이걸 언제 다 사용하나
숨이 멈춘다

그리고 잊고 그냥
아무 생각 없이 지내다 보니
어느 순간
많이 사라지고
조금만 남았다

티끌 모아 태산이라더니
정말 마음에 와 닿았다
해야지 보다

그냥 하는 대로
해 나가니 부담 없이
사용되고 있었다

처음엔 부담스럽지만
그냥 하는 대로 하면

저절로 다 된다는 것을
새삼 느꼈다

전단지

이삭을 줍는 마음으로
오늘도 전단지를 돌렸다

전단지 붙이면서
주위에서
붙인다고 야단치려나

어느 대문에
전단지 붙이지 말라는
경고장이 붙어 있는지

신경 쓰면서 대문에
한 장 두 장 붙이다 보니
어느새 제법
멀리까지 왔다

그만 붙이고 집으로
돌아가는 길에도
한 집
한 집

눈치 보며 붙인다

광고 효과가 있는지
모르겠지만
나만의 대리 만족이다

여러 곳 붙이고
집으로 오면
다리도 아프고
힘은 들지만
왠지 뿌듯한 마음이 든다

이렇게
한 장 두 장에서
내 마음의 성취감도
쌓여간다

처음엔
창피하고 초라했지만
하다 보니 오히려
더 당당해졌다

무임승차

노력하지 않는 자
무임승차하는 자는
먹지도 말아야 한다

열심히 일을 해야지
어떻게 남이
해놓은 밥에
숟가락을 드는가

개미처럼 차곡차곡
쌓아가며 살아가야지
이 핑계 저 핑계로 일을
지속적으로 못하는 사람은
희망이 없지

열심히 일하고
일하는 곳이
마음에 들지 않아도

본인이 맞추어 가면서

일을 하다 보면
즐거움이 생길 텐데

나한테 맞는 직장보다
내가 맞추어 나가는
직장으로 가는 사람은
여유를 즐길 수 있는 자가
될 것인데…

목표

목표가 결정되면 돌진한다
최대한 힘닿을 수 있는 데까지
최대한 힘을 발휘한다
아무런 잡념 없이
누가 날 도와주는
사람도 없고
기대도 안 하니까
내가 선택한 길이니까
험난해도 난 헤쳐 나간다
날 안 좋게 보거나
흉보는 것도 신경 안 쓴다
그것은 양념에 불과하다고 생각한다
한편으론 혼자 가는 길은 외롭고 쓸쓸하다
그러나 그런 생각도 잠시
그건 배부른 소리다
난 아직도 배가 고프다
내 배는 내가 채운다
내 노력으로
돌진하는데 잡음은 흘려듣는다
어디 가나 그러한 잡음은 있으니까

행복

마음먹은 대로 다
이루어질 순 없지만
그래도 난 기도한다
소원 이루고 싶다고
난 간절히 기도한다

그래서 행복해지고 싶다
행복이란 글은 참 좋은 단어다
행복하기 위해 노력하고 있다
행복하기란
마음먹기 나름이지만

그 마음속에 고민이 있다면
고민을 해결해 나가는 것이 행복이지

조그마한 소원이라도
바라는 대로 성취한다면
그것이 행복인 것 같다
행복!
행복!

과거

과거는 흘러갔고
잊어야 되는데
영원히 안 잊히는 게 있지

너무나 가슴에 크게 와 닿는다면
잊고 지내지만
완전히 지워지지 않는다

하루를 바쁘게 살다 보니
아무 생각 없이 지낸다
그러나
쓸쓸한 마음이 들 때면
순간 떠오른다
그럼 무척 괴로워진다
자신이 가여워진다

그렇지만 잠깐의 시름에서
금방 현실로 돌아온다
현실이 중요하니까
그것은 과거일 뿐이니까

사람

여러 분류의 사람들
어이없이 행동하는 사람들
별로 마주하고 싶지 않다

정작 본인은 아무렇지도
않은 것처럼
행동하는 게 더 얄미웁다

마음으론 정말 싫은데
얼굴 표현을 낼 수는 없고
어쩜 저리도 뻔뻔하냐
속으로만 생각한다
얼굴은 웃으면서…

반면에
착하게 행동하는 사람도 있지만
주위에는 이상한 행동하는 사람들이
더 많은 것 같다
아직도 많은 시간들을 그들과
마주쳐야 되는데…

배신

열심히 최선을 다하여
도와주었는데
정작 중요한 것은
다른 사람에게
넘기니 기분이 좋지 않았다
물론 나의 부족한 점도 있겠지만
왠지 서운한 마음 가득이다

괜히 속상해서
일이 손에 안 잡힌다
모든 게 다 그렇지라고
마음을 돌리면서
잊어야지 한다

또 다른 사람이 나타나서
인연을 맺어주겠지
비우면 채워지니까
은혜도 모르는 사람들과의
인연은 여기까지로
모든 게 다 끝이었다

베품 2

모든 사람들에게 잘 대해 준다
본인한테 안 좋게 한 사람들에게도
잘해 주고 부탁도 잘 들어준다
그러기에
여러 종류의 일이 많아져서 힘들다
남들은 그런다
힘든데 왜 다 받아주냐고
거절하라고
그렇지만 다 받아준다
일하는 것이 재미있으니까
그리고 거절하는 것이 잘 안 된다
웬만하면 다 들어주려고 한다
상대편의 안타까움을 알기에
도와줄 수 있을 때까지
도와줄 것이다
도움을 필요로 하는 사람들이
있다는 것에 감사한다

소통

소통이 안 되는 사람하고
말 안 하는 게 편한 것 같다
말하는 사람이 더 답답하다
소통이란 게 참 소중하다고
생각한다
그런 사람과는 마주치고 싶지 않다
상대편 말은 듣지 않고
계속 자기 말만 주장한다
길이 아니면 가지 말아야지
답답해서
한숨짓고 물러선다
져주는 것이
이기는 거니까라며
마음이 같을 순 없으니까
끝을 내기 위해선
물러서는 것이 편하다

야비한 사람

몇 년 동안 무일푼으로
심부름 시켰으면
도움 되는 것을
당사자에게 줘야지
다른 곳에 다 줬다
그것도 모르고 있다가
차후에 알았다
기분 아주 나빴다
그 사람이 정말 미웠다
사는 게 다 그렇지만
달면 삼키고 쓰면 버리듯이
그렇지만 그런 기분도 잠시
금방 다 잊어버린다
우리의 인연은
여기까지였구나 하면서
한편으론
그렇게 살지 마라고
나 혼자만 생각한다

왠지

고생을 하고 나면
뿌듯하다
고생이 나의
길인 것 같아서

힘든 뒤에 보람이
있을 것 같다는
보상심리가 있다

힘들게 살아온 게
몸에 배어서 그런지
그리고 노력하면
대가가 따라오니까

결론은 대가가 생기니까
고생을 재미로 하고
즐겁게 한다

그리고 기분도
좋아진다

싸움

갑자기 밖에서
싸움 소리가 들렸다
싸움 소리 나도 안 쳐다보는데
그 순간 쳐다보게 되었다
엄마와 딸 같은 사람이
엉켜 있다
부모 같아 보이는
서로 모르는 사이인데
너무 심한 욕설을 하고
싸우는 것을 보는 순간
가슴이 뛰었다
주차 때문인 것 같았다
아주 큰 소리로 대단하게
싸우니까 기분이 안 좋았다
경찰이 와서 마무리는 되었지만
보기 안 좋은 여운은
남아 있었다

Chapter 3

착한 마음

착한 마음으로 살아왔다
아무리 마음을 힘들게
하여도 다 이겨내어
여기까지 도착했다

어느덧 세월도 많이 흘렀지만
여전히 나쁜 마음 가진 사람은
완전히 착한 사람이 안 되더군
조금은 많이 변했다지만

언제까지
마음을 비우고 살아야 되나
그만 괴롭히면 좋겠다
살아가는 것도 힘든데
마음까지 더 힘들게 해준다

아직 내가 덜 착한가 보다
착하다고 생각했는데
아직 아닌가 보다

음악 1

음악은 사람 마음을
순간순간 뒤흔든다
슬픈 음악엔 금세 우울해지고
신 나는 곡 나오니 금방
몸이 흔들흔들하고 있었다
음악에 너무 심취하지 말라 해서
많이 자중하지만
음악을 들으면
기분이 싹 달라진다

그래서 정신건강에 좋은가 보다
뇌의 영양제인 것 같다
마음이 즐거워지니까
우울은 음악이 무서운가 보다
우울한 마음이 금세
다 도망가 버리니까
뇌도 음악 들으면서
편히 쉬게 해주어야
건강해지는 것 같다

마음고생

악한 사람 만나는 것도
인연이라면
참고 지내야겠지
그러지 않으면 또 다른 악연이
기다리고 있겠지
힘든 삶이지만
참고 살아가다가도

자신이 슬퍼질 때도 있다
삶을 포기하고 싶은 생각도
여러 번 해보았지만

아직 정리해야 할 것이 많고
아직 고생을 덜 한 것 같아서
못 가고 있다
편하게 살고 싶다
마음 속앓이
그만하고 싶다

음악 2

음악은 마음을
치유해 준다

아무리 슬픈 일이어도
음악을 듣다 보니
다 잊어버린다
역시 음악은 정신 약이다

미운 감정
나쁜 감정은 사라지고
예쁜 마음이 자리한다

몸이 저절로 움직인다
행복이란 아이하고
같이 어깨춤 춘다
입가에 미소를 지으면서…

순간의 행복

매일 반복되는 생활 속에서
그만의 행복을 찾는다
비행기 타고 먼 여행 안 떠나도
그만의 즐거움이 있다면
그것이 진정 행복이고
그 사람만의 만족이다

행복을 멀리 가서 찾지 않고
가까이서 찾는다
순간
순간의 행복 속에서
삶의 의미를
잠시나마 즐거움으로 즐긴다
화려하진 않지만
초라하지도 않다
생활 속에의 최선이니까
그만의 생활 속에서의 행복이 있으니까
남들이 가엾게 미련하게 볼 필요 없다
그 사람 나름 행복하게 지내니까
각자 생긴 대로

각자 살아가는 게
정답인 것 같다

절교

한때 힘들게
고통스럽게 한 것을
서운하게 받아들이고
마음속으로 슬펐지만
가진 것 없는 입장에서는
참고 만나야 했다
그러나 너무 심하게
무시하면 안 되지 않겠나
그 후로는 절교를 했다
세월이 흘러가도
대화를 안 하는 게
옳은 것 같아
마주치지 않는다
착하게 살아가야지 가난한 사람을
무시하고 놀리면 안 되지
가끔은 그리울 때도 있지만
그것은 순간일 뿐이다
절교라는 게 더 편하다
엮이고 싶지도 않으니까
다들 나름대로 잘 지내겠지

고향

아주 오랜만에 고향에 내려갔다
어릴 때 개울가에서 물장구치고
빨래도 했는데…
그 자리는 복개를 하여
상가 건물들이 즐비하게 들어섰다
여기저기 반짝이는 불빛으로
사람들은 서로 부딪힐 정도로 많이 다녔다
번화가가 되어 어디인지
모를 정도로 변해 있었다
그 개울에서 물놀이하고 놀다가
옷도 신발도 젖어버려서
돌팍 위에 올라서서
신발 말라라 옷도 말라라 하고
신발을 흔들며 노래했던 기억들…
그때 누군가 그랬다
햇볕을 많이 쬐어서
얼굴이랑 팔이 탔다고
한 말도 기억난다
참 철없이 물장구치고
놀던 때가 그리웠다

아버지와 아들

지능이 낮은 장애 아들을
데리고 사는 남자가 있다
아들은 대소변도 가끔은 못 가린다
그런 애를 방에 혼자 두고 일하러 갈 때는
밖에서 문을 잠그고 나간다
아들은 하루 종일 방 안에만 갇혀 있는다
운동도 안 시키고 방 안에서 밥만 먹이니
살만 많이 쪄 있다
근데 갑자기 아버지가 뇌졸중이 왔다
한쪽에 마비가 와서 일을 못하게 되었다
두 사람 다 장애인이 되어서
고향으로 떠나려고 하는데
하루는 아들을 잊어버렸다
25일 만에 파출소에서 연락 와서
다행히 아들을 찾았다
아버지는 한 손엔 지팡이를 짚고
하염없이 눈물을 흘린다
지능이 낮은 애를 못 찾았으면
어쩔 뻔했냐고…
아들을 끔찍이 아끼는 것 보니

대단한 아버지이구나
다시 한 번 쳐다보게 된다

인연

좋은 사람 만나는 것도
마음대로 안 되는 것이지만
그래도 좋은 인연들을 만나고 싶다

착한 사람 만나는 것도
그 사람 복인 것 같기도 하고…

좋은 운명을 타고 나야
좋은 인연을 만나는 건지

스쳐가는 모든 인연 중에
유독 가까이 다가오는 사람들은
이상하게 나쁜 사람들이 잘 따라온다
그것도 복인 건지

나쁜 사람들과 대화하다 보면
나도 배울 것도 있지만
거친 사람들 상대하다 보니
대하는 사람도 거친 성격이 되어가더군

좋은 사람들 속에서
편하게 대화하는
그런 분위기를 원하는데…
거친 사람들과의 대화만 주를 이룬다
그들 속에 있으니 어쩔 수 없지만

선택

여러 갈래 중에서
본인이 선택한 길이 있다
그 결과가 어떻게 나오던지 간에
그 책임은 본인이 진다
결과를 미리 예측할 수 있었다면
좋은 결과 쪽으로 결정했겠지만
미래는 알 수 없는 것이고
아무 생각 없이 결정하고 후회한다
그때는 늦었고
처음으로 되돌아갈 수도
없는 상황이다 보니
마음고생을 많이 한다
할 수 없이 운명으로 돌려본다
이왕 결정한 것
후회보다는 좋은 결과를 보려고
무척 인내하고 참아가면서
노력하며 살아간다

케첩

버스 정류장에서 엄마와 아들이
버스를 기다리며 벤치에 앉아 있었다
버스 정차하는 자리에 케첩 작은 봉지가
바닥에 떨어져 있었다

순간, 버스가 정차하면서 하필 그 케첩 봉지를
버스 바퀴가 밟는 바람에 '팡' 하고 소리 내며
터지면서 엄마 옷에 다 튀었다
지금 외출한다고 나오면서 갈아입고 나온 옷인데
그것도 밝은 색깔 외투에 빨간 케첩이
핏물처럼 흘러내렸다

황당하고 지저분하고 속상하고 웃기기도 했다
다시 집으로 가서 옷을 갈아입고 정류장
바닥에 뭐 또 떨어진 것 있는가 쳐다보며
버스를 기다렸다

그리움

하늘에서 보고 계시며
나의 옆에서 항상 도와주시고

언제나
그리움을 한켠에 묻고
문득 떠오를 때면
가끔 꺼내본다

나에게 힘을 주시고
저를 보호해 달라고 한다
가슴속 슬픔을 혼자 삭히면서
보이지 않는 것에
감사한다

여러 생각이 순간 스칠 때면
마음이 착잡해진다
그 순간도 잠시 금방 잊는다
난 지금의 내가 소중하니까

침대

힘든 하루 일과를 마치고
잠자리에 누울 때
그 기분 정말 좋다

아무런 생각 없이
아주 편안한 마음으로
몸을 침대에 맡긴 채
벌러덩 눕는다

잠깐 아무 생각이
없어진다

그러다
폰을 집는다
생각 없이 폰 속에서
이리저리 돌아다니다

금방 잠이 들어버린다
이렇게 또 하루를 보낸다

열쇠

세상 어느 곳에나 딱 맞는
열쇠는 오직 한 종류밖에 없다
오직 그 열쇠만이 문을 열 수 있다
맞는 듯하면서도 안 열리고
요리조리 맞춰봐도
열릴 듯 안 열리고
그러다가
딱 맞는 열쇠를 찾으면
한 번에 딱 열린다

사람도 마찬가지이다
마음이 열릴 듯하다가도 안 열리고
마음을 열어보려고 요리조리 다 해봐도
안 열어준다

그러다 딱 마음에 와 닿는 사람을
만나면 마음을 확 열어준다
그것이, 자기와 딱 맞는 사람이다
그런 사람이 오면
오직 그 한 사람을 위하여

문을 열어준다
열쇠문과
마음문은 같은 것 같다…

욕심

원하는 대로
다 이루어지길
마음먹은 대로
다 이루어지길

욕심의 끝은 없다지만
그래도 더 채우고 싶고
더 가지고 싶어 한다

하는 만큼 받아야 되는데
더 받으려 하고
더 잘되고 싶어 하고
더 잘나고 싶어 한다
노력의 이상을 원하기에

조금만 욕심을 내면
조금 더 발전할 수 있기에
좋은 욕심을 가지려고
좋은 마음을 가지려고
노력한다

체념

부부가 똑같이 하는 일들이
잘되어 나간다면 더 이상
행복한 건 없겠지만

한 사람이 하는 것마다
잘 안 풀리고
잘나가는 한 사람은 속상하지만
참으며 열심히 일을 한다

순간 헤어지고픈 마음도 생기지만
만약 능력 없다고 버리고 간다면
또 더 안 좋은 사람 만날지 모르는 것이라
꾹꾹 참고 살아간다

모든 걸 운명으로 받아들이고
잘나가는 부부를 부럽게 보면서
모든 걸 체념하고
열심히 일한다

한가롭다

모든 것이 평화롭고
모든 것이 순조롭다

이런 기분과 분위기가
계속 길어진다면 좋겠다

매일 매일 찌든 일감 속에서
허우적대다가
한가로워지니

오히려 한편으론
마음이 서서히 불안해진다

그래도 아직은 바쁜 게 좋고
아직은 바쁘게 일을 할 때니까
바쁠 때가 살아 있다는 생각에
열심히 일을 해야지라고
다짐해 본다

바라기

널 기다리며
너에게 기대해 본다

하지만 여러 세월이 흘러도
아직 아무런 소식이 없구나

그래도 소식이 오겠지라고
돌이켜 마음 추스른다

기다리고 있다는 것을
본인도 알고 있으니까

그것이 마음대로
잘 안 되니까

오늘도 기다려본다
소식 오기만을
소쩍새처럼

상처

여러 번 여기저기
상처가 났다

알게 모르게 많은 상처 속에
어느 날 갑자기 마음에 문을
닫아버렸다

상처 준 사람들은 왜 그런지 모를 것이다
오직 상처에 아파 본 사람만이 안다
남을 미워하지도 않고
내 자신의 초라함만 원망하며
그들과는 가까이하고 싶지 않다

안 보는 것으로
마음 정리하고 나니
한결 마음이 편하다
오직 나 혼자만의 길이니까
내가 헤쳐 나가야지
난 나이기에
나만이 날 지킬 수 있다

높은 곳을 향하여

맨 땅에서 조금씩이라도
올라가기란 너무나 힘들다
아무것도 없는 상태에서
올라간다는 것은 많은 인내가 필요하다
그 인내에는 쓴 것, 단 것, 매운 것 등을
다 맛봐야 만이 겨우 한 걸음씩
내딛을 수 있다
한두 걸음씩 움직이다 보면
지혜가 도와준다
그 지혜는 디딤돌이다
그 아이디어로 조금 더 빨리 갈 수가 있다
열정과 버팀으로
오직 돌진하는 데
힘을 쏟아부어야만 된다
그렇게 올라온 곳 본인만의 높은 곳이다
남들 눈엔 가소롭지만
나만의 높은 경지라고 만족하며
혼자만의 기쁨에 젖어든다
그리고 행복해한다
그리고 또 전진한다

긴 한숨

아빠와 아들 두 명이 살고 있었다
아빠는 아들 책을 다 찢어버렸다
학교 선생님은
왜 책을 안 가져오냐고 야단쳤다
그 애는 친구한테 말한다
우리 아빠가 책을 다 찢어버려
책이 하나도 없다고
그 친구 엄마는 그 얘기를 듣자
일 끝나고 늦은 저녁에
그 애 책 사주려고
헌 책방 여기저기 다니면서
책을 다 구입해 줬다
지금 그 애는 공부 잘해서 잘되었는지
궁금하기도 했다
그러나 정작 책 사다 준 엄마 아들은
학교도 중간에 그만두고 집에 있다
그 엄마는 한숨을 쉰다
남의 애 헌 책을 사러 이틀 동안 다니면서
공부하라고 했는데
정작 자기 아들은

아직도 방에만 있으니
긴 한숨만 나온다

허전한 마음

일 안 하고 게임장에만 있다고
아빠가 집에 못 들어오게 했다
추운 겨울이었다
그 애는 추워서 벌벌 떨고 있었다
나는 들어오라 해서 난로 앞에 앉히고
짜장면을 시켜줬더니
금방 다 먹어버렸다
난 그 애를 데리고 아빠한테 가서
용서해 주라고 말했다
아빠는 대뜸 애 뺨을 때리고
나가라 해서
난 아빠한테 화내며 야단쳤다
그리고 애를 데리고 왔다
고시원에 입실해 주고
분식집 직장도 구해 줘서
잘 다니고 있다가
지금은 아빠랑 화해하고
잘 지내고 있는 모습 보니까
흐뭇하기도 한데 왠지 허전한 마음이다
그땐 그 분위기였지만…

슬픈 인생

가족이 함께 놀이공원에서 노는 모습들을
보면 항상 부러워서 계속 쳐다본다
행복해하는 모습을 보며
나도 모르게 미소 짓고 있다
마음 한켠엔 부러움이
나의 소외감으로 바뀌고 있었다
엄마는 힘들게 일만 하고
애기는 뜨거운 햇빛에 혼자 놀다
땅바닥에 누워 잔다

동네 애들이 애기 길바닥에서 잔다고 하여
철렁거리는 마음으로 달려가서 보니
얼굴에 땟물이 땀에 젖어 자고 있었다

안고 와서 방에 뉘였다
엄마는 다시 일을 한다
종일 밥도 제대로 먹이지도
먹지도 못하고
손님맞이하곤
저녁에 지쳐 잔다

목욕탕

모든 걸 다 벗어버리고
따뜻한 물속에 들어가니
세상을 다 얻은 기분이다

머릿속도 다 비워진다
아무런 생각이 없어진다
이처럼 편한 시간이 어디 있으랴

복잡한 머릿속과
예쁘게 차려입은 옷도
다 벗어버리니
홀가분해서 콧노래가 나온다

이곳이 천국이라 생각한다
내 마음이 편하니까
잠깐의 여유로움 속에
푹 도취한다

물레방아

돌고 돌아간다
쳇바퀴 돌듯이
쉬지 않고 계속 돌아간다

오직 돌고만 있다
때론 힘들고
때론 포기하고 싶고
때론 이런 자체가 싫었다

긴 시간을 돌고 돌다 보니
이제야 하나 둘씩
형상이 보이기 시작한다

돌고 돌아야만 모양이 만들어지니까
모양이 만들어지기 시작하자
안도감으로
얼굴에 그윽한 미소가 그려진다

기분이 좋아지니 더 힘을 내어
쳇바퀴를 열심히 돌린다

선율

천사들이 날갯짓을 하며
날아다닐 것 같다

꽃밭엔 꿀벌들이 날갯짓을 하며
열심히 꿀을 빨고 있을 것 같다

세상 모든 것이 아름답게 보인다
세상 모든 것이 행복해 보인다
세상 모든 것에 감사함을 느낀다

아름다운 선율처럼
우리도 아름답게 살아간다면
평화롭게 살 수 있다면

그것이 행복이고
천국이겠지

새장

넓은 창공에 나래를 맘껏
펼쳐 훨훨 날고 싶다

예쁜 새 한 마리가
외롭게 새장 속에 있다
친구도 없이 혼자 외로이
짹짹거리며 있다

새는 새장 문을 바라본다
언제나 문이 열리는가 하고
우울한 눈빛으로
슬픈 눈빛으로
많은 사람들 속에
이렇게 예쁘고 고운 새가
여기 있어요라며
큰 소리로
짹짹거린다

폐기 처분

필요한 것 같으면서
필요하진 않고

잘 사용하지 않으면서
없으면 아쉬울 것 같고

버리고 싶지만
버리긴 아까울 것 같고

이러지도 저러지도 못하고
궁리만 하다가

또 그냥 지나간다

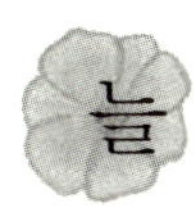

늘

늘
항상 그대로
늘
항상 그 자리
늘
항상 고맙고
늘
항상 감사하고
늘
항상 변치 않고
늘
그대로 있다는 것에

또 한 번
더
감사하고
감사하다

그냥

그냥이란
말 속엔 많은 뜻이 담겨 있다

부정도 아닌
긍정도 아닌
해석은 상대편에 맡기고
그냥이란 무한대를 던진다

그냥이란
큰 주머니에
많은 걸 담을 수 있어 좋다
긴 말하기 싫을 땐 그냥이다

그래서
그냥이라는
말을 자주 사용하고
그냥이라는
말을 좋아한다

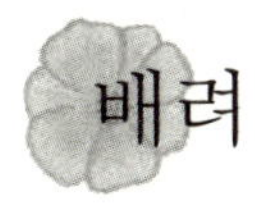

배려

힘들어하는 사람
짐을 조금 덜어주면
한결 가벼워질 것이고
걱정 많이 하는 사람
걱정을 조금 덜어주면
걱정이 많이 줄어들 것이고

서로 부족한 부분을
채워주면서
서로 이끌어주면
서로가 고마워할 것을

오히려 더 힘들게
만들어주는 사람들은
과연 어떤 심성일까
남의 고통이 본인의 기쁨인지
모르겠지만
서로가 조금이라도
배려하는 마음으로 감싸주면
서로에게 위안이 될 것인데

오뚝이

넘어져도
언제 그랬냐는 듯이
벌떡 일어난다

다시 또 넘어져도
벌떡 일어난다

아무리 넘어뜨려도
일어나야 한다

부서지지 않는 한
일어난다

그게 오뚝이 삶이니까

요리조리

요리조리
바쁘게 다닌다
요리조리
머리를 써본다
요리조리
끼워 맞춰본다
요리조리
골목을 잘도 다닌다
요리조리
요리조리
이러다 보니
하루가 갔다

오색 빛

오색찬란한 조명 아래
많은 사람들이 춤을 추네

오색 빛처럼 웃고 있지만
오색 빛 가지가지 인생을
가슴에 묻고
여기에 와 있네

아련한 추억들을 간직하며
누군가에 의지하고픈
기대고픈 마음으로

오색 빛 조명이 꺼질 때면
아무 일 없듯이
또 하나의 추억의
페이지를 넘기며
쳇바퀴를 돌린다

배신

힘들어할 때
도와줬는데
바라는 건 아니지만
이건 아니야라고
혼잣말이 나온다

도와주고 맘에 상처받고
이렇게 안 해야지 하면서도
또 당하고
배신감에 마음 우울해하고

앞과 뒤가 다른 사람들

고마우면 대가는
안 해주더라도
상처는 주지
말면 좋겠다

바쁜 하루

재미
그래 재미다
요지경들
바쁜 하루를 살다 보니

참 다양한 모양들을 본다
각자의 개성 따라
서로들 잘났다고
큰 소리로 말한다

시끄럽다
조용히
편안히
지낼 수가 없을까

매일을
요지경 속에
하루를 보낸다

Chapter

4

작은 이야기

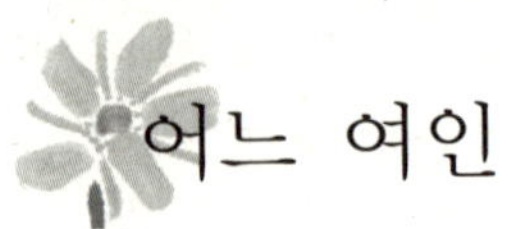

어느 여인

어느 산골 유원지에서 임신한 여인이 조그마한 구멍가게를 하고 있었다. 신랑은 그 근처 유원지 속 노점 상인들에게 물건을 배달해 주고 있었다.

아침에 오토바이에 물건을 싣고 노점 상인에게 올라가면 오후쯤에나 술이 취해 내려온다. 그리곤 집에 오면 괜히 시빗거리를 만들어서 집안 물건을 부수곤 했다. 임신한 여인은 하루 종일 구멍가게에서 힘들게 일하고 오후에 신랑 폭력에 시달려야 했다. 여인은 임신한 배를 맞을까 봐 조심해서 피했다.

하루는 맨발로 산속으로 도망쳤다. 심장이 터질 듯 뛰었다. 깜깜한 산속에 맨발로 숨어 들어갔다. 너무 무서웠지만 그때는 신랑이 더 무서웠다. 신랑이 조용히 잠들기만을 기다리다가 집으로 들어갔다. 힘들어서 다리가 퉁퉁 부어 있었다.

여인은 이러지도 저러지도 못하고 눈물만 흘리다 잠들었다. 매일 반복되는 일이었다.

어느덧 시간이 흘러 애기가 태어났다.

조산소에서 애기 탯줄이 이렇게 말라비틀어진 것은 처음 본다고 했다. 너무 먹을 것이 없었기에 허구한 날 배가 고팠다. 애기한테 너무 미안했다.

신랑의 폭력, 화투, 바람피우는 것, 돈 없는 것. 그렇다고 이혼도 쉽지 않았다. 임신 중에 애기를 유산하러 간다고 오래간만에 목욕탕에 갔었다. 옆에 목욕하고 있던 아줌마가 배를 보며 말을 걸어왔다.

여인은 어렵게 말을 했다.

"지금 목욕하고 유산하러 병원 간다"고.

아줌마가 한사코 말렸다.

"새댁 그러지 말고 다시 생각해 봐."

그 말이 가슴에 와 닿았다

병원 앞에서 서성이다가 그냥 집으로 돌아왔다

애기한테 잠시나마 그런 마음을 가진 것에 미안했다. '애기 너도 알잖아. 매일같이 심장 뛰며 불안 공포 속에 살아가는 게 얼마나 고달픈지를.'

여인은 하염없이 눈물을 흘렸다. 매일매일 흐르는 눈물이 저 흘러가는 시냇물 같다고. 잠시라도 조용히 이 세상에서 사라지고픈 생각뿐이었다고. 숨이 쉬어지니까 움직이고 눈이 떠지니까 일을 해야만 하고, 먹고 살아가야 하니까 기계처럼 소처럼 움직이고. 몸이 쇳가루처럼 부서지더라도 그녀는 살기 위해 몸부림을 쳐야 했다. 오직 애기와 그녀를 위해서….

하루는 신랑이 화투를 치고 있을 때 저녁밥 먹으라고 한 번 가서 말했다. 나중에 또 차리기 귀찮아서.

그런데 긴 각목을 가져와서 여인을 친다는 것이 각목이 길어서 형광등이 팍 하고 터졌다.

신랑은 여인이 안고 있던 애기를 빼앗아 이불 위로 던지고 여인을 끌고 산속에 가서 목을 누르고 큰 돌멩이로 내리치려고 했다. 여인은 두 손으로 빌며 용서해 달라고 빌었다. 아니 애원하였다.

신랑이 돌멩이를 내려놓는 순간, 여인은 정신 나간 사람처럼 뛰어 애기한테 달려갔다. 애기는 깜깜한 방에서 울고 있었다. 바닥은 온통 유리조각이었다. 여인은 하염없이 눈물을 흘렸다.

여인의 아픔을 누가 알 것인가.

모든 게 다 원망스럽고 세상이 싫었다.

수면제와 쥐약을 먹고 자살 시도를 여러 차례 했다. 여인은 서서히 다른 사람이 되어가고 있었다.

여러 주위 환경 속에서 많은 시련을 겪으며 살기 위한 몸부림을 치다 보니 변해 버린 그 여인에게 누가 돌을 던질 것인가. 그 여인의 피나는 노력은 그 누구도 흉내 내지 못할 것이다.

신랑의 무능력과 폭력에 시달리다 하루는 이혼해 준다고

가방을 싸라고 하기에 하찮은 것이지만 필요한 물건을 작은 가방에 담았다. 신랑이 가방을 들기에 들어주려나 하고 그녀는 애기를 업고 신발을 신었다.

그런데 집 앞 공터 쪽으로 가더니 가방을 바닥에 놓고 가방에 석유를 붓더니 라이터 불을 붙였다. 가방에 불이 확 붙었다.

그 장면을 보고 여인은 너무 놀라 도망을 치려다가 붙잡혔다. 방에 끌려간 여인은 구둣발로 밟혔다.

"내가 이혼해 줄 거라고 생각했냐"며.

애기는 옆에서 울고 있었다.

신랑이 술에 취해 집에 들어왔다.

여인은 애기를 업고 있었다. 신랑은 또 다른 곳에 술 먹으러 간다며 돈을 달라고 하였다. 여인이 없다고 하니 신랑이 순간 여인을 밀쳐서 계단 밑으로 넘어졌다. 애기를 업은 채. 여인 등에 업혀 있던 애기는 놀라서 울고 있었다.

여인은 너무 놀라 가슴이 뛰었다. 신랑은 지갑을 빼앗아 돈을 꺼내 술집으로 갔다.

어떤 날은 술집에서 외상값을 받으러 왔다. 어떤 날은 술집 여자와 싸워서 목에 여러 군데 손톱으로 할퀴어 들어오기도 하고, 러닝이 다 찢어져서 오기도 했다.

어떤 날은 술집에서 여인한테 전화하여 "오늘 안 들어간다고 해"라며 옆에 있는 여자가 시키는 대로 말하며 안 들어오기도 했다. 어떤 날은 집 나간 지 3일째 되는 날 수소문해서 찾아가 보니 나이 많은 여자랑 한 방에서 떨어져 자고 있었다.

어떤 날은 술 취하면 동네에서도 싸움질을 하였다. 그리고 화풀이는 항상 여인한테 했다.

여인은 매일 지옥 속에서 벗어나지 못하고 살아갔다. 빚으로 생활하며 이자 빚까지 늘어 빚은 자꾸만 쌓여갔다.

어느 날 신랑이 마른 고추를 한 트럭 사가지고 왔다. 그런데 팔 생각은 하지 않고 가게 안에 넣어두고 놀기만 했다. 여인은 속상해서 장터에 가져가서 자릿값을 주고 고추 포대를 펼치고 팔았다.

그다음 장에도 가서 팔았다. 세 번 정도 장에 나가니 다 팔렸다. 처음엔 쑥스러웠지만 팔아야 된다는 생각에 오후부턴 소리쳐 가면서 팔았다. 고추 좋다고 구경하시라고 하며 결국 다 팔았다.

다 팔고 나니 속이 시원하고 기분은 좋았지만 결과는 적자였다. 고추는 왜 사가지고 와선 손해 보고 고생시키는지 속상했다.

처음으로 길바닥 장터에서 고추 장사를 했다.

신랑은 술 배달 가면 내려와서 가게를 도와주기는커녕 화투를 치고 있다가 해 질 무렵 노점 상인들과 같이 술에 취해 내려왔다. 매일 반복되는 일상이었다. 신랑은 술 배달해 준 수금은 신경 쓰지 않았다.

뒷날 술 받으려면 목돈이 필요한데, 할 수 없이 여인이 수금에 신경 쓰게 되었다. 여인이 상인들에게 돈 달라고 하면 내일 준다 하고 그냥 가버렸다.

그리고 외상 가져간 상인들은 내일 또 술 배달을 시킨다. 여인이 술 갖다 주지 말라고 해도 신랑은 계속 갖다 주어 외상값은 더 쌓여갔다.

그래서 여인은 수금 때문에 그 상인들과 저녁마다 말다툼을 하거나 싸우기도 하였다. 결국 외상값도 제대로 못 받고 여러 가지 이유로 매점 문을 닫게 되었다. 여인은 남과 싸우기도 하고 금전적 손해, 몸과 마음고생을 많이 하였다.

비가 오는 날은 장사는 안 되지만 기분은 좋았다. 답답한 가슴에 빗방울 떨어지는 소리가 마음속을 두드린다. 한없이 넋을 잃고 쉼 없이 쏟아지는 은구슬들을 보며 아름다운 마음으로 승화시킨다. 은구슬의 여운에 마음을 달래본다.

매점 영업하다가 산속에 배달했던 병들을 제때 수거하지 못하고 그냥 두면 토요일에 학생들이 올라와서 빈병들을 다 수거해 갔다.

여인은 그 병을 가져가는 게 못마땅하여 토요일 새벽에 빈 포대 자루를 들고 산속으로 들어갔다. 빈병을 하나 둘 자루에 가득 담아 어깨에 지고 울며 내려오곤 했다. 신랑이 배달해서 갖다 놓은 병들을 제때 수거해 가져오지 않아 속상했다. 그 병들을 주워서 포대 자루에 담아 어깨에 메고 가는 자신의 모습이 처량하였다. 초라한 자기 자신이 야속하고 슬펐다. 이런 삶이 싫었다.

그 병들을 박스에 채워 물건을 받으면 빈병 값만큼 절약되니까 병 하나라도 주워서 포대 자루에 넣었다. 그런데 술 취한 신랑이 빈병 박스를 밀어 넘어뜨려 주워다 놓은 병들이 깨졌다.

여인은 눈물을 흘리며 깨진 빈병을 쓸어 담았다.

왜! 살아가야 되는지….

애기는 어떻게 하고….

'그래, 애기가 자랄 동안 애기를 위해 살아야지'라며 이런 삶에서 탈피하려고 자신의 한계를 넘어서서 무척 노력하였다.

신랑의 폭력과 술주정 때문에 애기를 데리고 친정 동네로 내려와 버렸다. 친정집 근처에 작은 방을 얻었다. 당장 일을 해야 하므로 미싱 공장 사원모집이라는 광고를 보고 취직을 했다.

아침 출근할 때 방 안에 과자랑 물, 소변기를 갖다 놓고 밖에서 문을 잠그고 나왔다. 출근해서 미싱 시다 일을 하고 점심 먹으러 집에 가서 애기랑 같이 점심 먹고 다시 시다 일하고 퇴근해서 집으로 왔다.

방 안에 애를 혼자 놓고 일을 하러 가는 마음이 얼마나 아픈지… 죽지도 못하고 애를 위해 살아가야 되는 자신의 인생이 서글퍼서 눈물로 밤을 지새웠다.

자는 애기 얼굴을 보면 눈물이 저절로 나온다. 가엾고 불쌍해 가슴이 무너져 온다.

그렇게 여인의 존재는 없어지고 오직 애기를 위해서 아무리 힘든 일도 해나갔다.

그렇게 20일 정도 지날 즈음 신랑이 찾아와서 잘못했다고 용서해 달라며 올라가자고 데리러 왔다. 지금의 여건에선 애를 장기적으로 키울 수가 없어 도로 집으로 돌아왔다. 잠깐은 잘하는 것 같더니 역시나 행동은 달라지지 않았다.

여인은 지하 보일러실 옆에 작은 월세 방을 얻어 살았다. 돈이 없어 벌어야 했기에 애기를 둥쳐 업고 무조건 길을 나섰다. 애기 때문에 직장은 못 나가니 무얼 해야 하나 고민하면서 정처 없이 길을 걷고 있었다.

그런데 여인의 귀에 지하에서 미싱 소리가 들려왔다. 여인의 몸이 자연스럽게 지하 계단으로 움직였다.

미싱 하던 남자가 왜 왔냐고 묻기에 부업할 거 있냐고 물었다. 미싱할 줄 아냐고 하기에 "네"라고 대답했다. 그리고 미싱이 없는데 미싱 한 대 빌려줄 수 있냐고 물었다. 사장은 미싱하고 물건을 가지고 여인과 함께 지하방으로 왔다. 내일 아침에 가지러 올 테니 해놓으라 하고 물건을 두고 갔다.

사실, 그 여인은 미싱을 전혀 할 줄 몰랐다. 여인은 걱정을 하면서 혼자 미싱 연습을 하는데 잘 안 되었다. 먼저 발

감각을 익히려고 노력했다. 아주 힘들었다.

하나도 하지 못했는데 날이 밝아 오전이 되니 사장이 물건을 가지러 왔다. 물건을 하나도 만들지 못하고 연습했던 한 장만 누더기가 된 상황을 보고 사장은 노발대발하였다. 거짓말을 했다며 무척 화를 냈다.

여인은 부탁했다. 조금만 가르쳐주시면 열심히 하겠다고. 그 모습이 안타까웠는지 사장은 대충 가르쳐주고 갔다. 그 후 열심히 연습하여 물건을 계속 만들어냈다.

그렇게 그 공장 일을 하며 돈을 좀 모아서 다른 곳으로 이사를 하면서 공장 미싱을 돌려주고 그 공장 사장과의 인연도 끝났다.

여인은 새로 이사 간 동네에서 그때 번 돈으로 미싱 한 대를 샀다. 미싱 공장에 가서 물건 부업 받아와 열심히 일을 했다. 그 뒤 일이 많아져서 미싱 한 대를 더 사들여 미싱사 한 명에 시다 한 명을 두고 열심히 하였다. 여기저기에서 물건을 해달라고 요청이 많이 들어왔다. 미싱 일을 하면서 제법 저축을 하였다.

미싱 일을 무리하게 많이 하니까 무릎이 아파서 병원을 다녔다. 미싱 일을 계속하면 무릎이 더 악화된다고 하기에 아쉬움을 뒤로하고 미싱 일을 그만두었다.

여인은 쌀 한 되씩 사와서 먹었다. 저녁에 지금 사는 집에서 멀리 떨어진 쌀가게에 가서 한 되 사가지고 오다 보니 종이봉투에 구멍이 조금 나서 쌀이 조금씩 흘러내린 것을 몰랐다. 아까워 다음에는 봉투 하나를 더 준비하여 두 겹으로 하고 담아왔다. 동네에서 한 되씩 사는 게 창피해 밤에 멀리 가서 쌀을 사왔다.

하루는 슈퍼에 물건을 사러 갔는데 슈퍼 주인이 깍듯이 인사를 했다. 계란 2개를 사러 갔는데… 여인을 부잣집 사람으로 알고 물건을 많이 사러 온 줄 착각한 것 같아서 다음부턴 그 슈퍼도 부담스러워 안 가게 되었다. 물도 안 나오는 부엌이 딸린 조그마한 방 한 칸에 사는데 나중에 알게 되면 창피해서였다.

외식은 거의 안 했다. 짜장면 가끔 시켜 애들 사주면 좋아라 하고 아주 잘 먹었다. 그 모습을 보면 안 먹어도 배가 절로 부른 것 같았다.

오래간만에 마른 오징어를 사다 주면 아주 맛있게 먹었다. 머리와 꼬리를 남기면 여인은 남긴 것을 맛있게 먹었다. 딸은 아직도 얘기를 한다.

"엄마가 정말 오징어 머리만 좋아하는 줄 알았다"고.

아들도 그런다. "엄만 짜장면을 안 좋아하는 줄 알았다"고. 돈이 아까워 쓰질 못했을 뿐이다.

애들한테 미안할 때 가끔 사주었는데 여인은 먹지 않았다. 딸이 말했다. "다른 집은 외식을 자주 한다"고.

여인은 마음속으론 미안했지만 겉으론, "그 집은 돈을 많이 버니까 외식을 자주 하지." 그러면 아이들은 "우리도 언제 그럴 수 있을까?"라고 서로 말하곤 하였다.

길 가다가 외식하는 가족을 보면 부러운 눈으로 보고 지나갔다. “우리도 빨리 돈 벌어서 저런 데 가자”라며.

신랑은 세월이 흘러도 달라지지 않았다.

하루는 호프집에서 전화가 왔다. 신랑이 싸우고 있으니까 데리고 가라고. 여인은 큰딸과 애기를 업고 호프집에 갔다. 그 술집 여자 신랑이 와 있어서 그런지 몰라도 테이블에 앉아서 조용히 얘기하고 있었다.

그때 다른 여자가 여인을 불러서 말했다.

“여기 호프집 여자랑 당신 신랑은 애인 사이다.”

신랑이 친구들 데리고 와서 자기 애인이라고 소개하였다. 문득 친구 중 한 명이 “신랑 감시 잘해라. 바람피운다”고 했던 말이 생각났다. 술집 여자 신랑도 옆에 있고 해서 여인은 신랑을 조용히 달래서 집으로 데리고 왔다.

하루는 신랑이 밖에서 일하는데 비가 왔다.

그런데 비를 하나도 안 맞고 집으로 왔기에 어떻게 비를 안 맞고 오냐니까 비 안 올 때 일했다는 것이다.

어느 실내에서 실컷 놀다가 온 것이겠지.

숨 쉬는 것 빼고 다 거짓말하는 것과 증거가 없으니까 먼저 큰소리로 상대편을 기선 제압하는 것으로 지금까지 살아간다.

여인이 몸이 아파 큰 병원에서 대수술을 받게 되었다. 대수술이었지만 신랑은 일을 해야 하니까 여인 혼자 병원에

갔다. 그 뒷날 수술실에도 여인 혼자 들어가게 되었다. 환자 주위에 보호자가 아무도 없으니 간호사들이 환자가 누워 있는 침대를 무성의하게 밀었다. 그 모습을 본 원장이 그러지 말라고 하니 침대를 잡아서 끌고 수술실로 들어갔다.

수술 진행 몇 시간 후, 간호사가 복도에 나와서 보호자를 불러도 아무도 없으니 남자 간호사가 와서 여인을 휠체어에 앉혀 입원실로 데리고 갔다(수술 침대 상태로 가야 되는데). 여인은 마취가 덜깬 상태에서도 배가 너무 아파서 소리를 질렀다.

배를 반을 잘라 크게 바느질해 놨는데 그냥 바로 앉혔으니 배가 접히면서 수술한 자리가 마취 상태인데도 너무 아팠다.

오후쯤 여인 신랑이 왔다. 신랑은 여인이 수술할 때 왔었는데 시간이 너무 오래 걸려서 집에 가서 잠자고 오는 거라고 했다(물론 밤일을 하니까). 신랑은 환자 간호에도 별 관심이 없었다.

여인은 옆 환자 보호자들 도움으로 힘겹게 있다가 퇴원하였다. 퇴원한 지 며칠 지나지 않았는데 신랑이 안 들어오거나 늦게 들어왔다.

하루는 신랑이 큰 수박을 한 통 사들고 왔다. 여태껏, 뭘 사들고 오지 않았는데 이상하다 생각했다. 그러면서 하는 말이 몸이 이상하니 병원에 가봐야겠다는 것이다. 여인은 몸이 덜 회복된 상태로 같이 병원을 갔는데 성병이라고 했다.

신랑은 병원을 나와서 여인한테 의사가 오진했다며 의사 욕을 했다. 여인은 신랑과 함께 약국에 갔다. 증상을 말하니까 성병이라고 했다. 신랑은 절대 아니라고 했다. 살아 있으니까 사는 것이고, 자신의 몸을 위해서 좋은 게 좋다고 좋게 지내려고 하는데 신랑은 참 많이 힘들게 했다.

다른 직원들은 허구한 날 결근도 잘하는데 신랑은 자기 마누라 수술하는 데도 빠지면 안 된다고 출근하는 사람이었다. 그리고 성병을 얻어왔고….

신랑은 눈으로 본 것 있냐고 오히려 큰소리쳤다. 그러고는 "우리가 살고 싶어서, 좋아서 사냐? 헤어지지도 못하고 어쩔 수 없이 사는 거지"라고 했다.

철없는 신랑과 애들을 데리고 온갖 고생과 눈물로 몇 십 년의 세월이 흘러 여기까지 왔다.

참을 인(忍) 자를 여러 번, 아니 수십 번 마음에 새기면서 신랑과 외줄 타기 하는 것 같은 생활을 하면서 많은 세월이 흘러 여기까지 왔다.

다행히 애들은 착하게 잘 자라줘서 너무 고마웠다. 신랑도 마음을 잡고 가정에 충실하며 잘 살고 있다. 지금은 금전에 시달림 없이 편하게 잘 지내고 있다.

마음을 비운다는 것이 무엇보다 힘들다는 것을 많은 체험으로 겪었다. 체념과 묵언으로 기도하는 마음으로 지내온 세월이었다.

여인은 가끔 지나온 세월을 생각하면 자신이 아닌 다른 사람이었을 거라고 생각하곤 한다. 지금 생각하면 있을 수도, 참고 견딜 수도 없는 일들이니까.

이제는 신랑도 과거의 잘못을 크게 뉘우치고 여인에게 몇 번이고 용서를 빌었다.

여인은 바란다.

지금처럼 평온하게만 지내기만을 바랄 뿐이라고….

무지

엄마가 그런다. 다른 애들은 집에 일찍 오는데 너는 매일 왜 이렇게 늦게 오냐고.

꼬마는 말한다. 선생님이 공부 못한다고 매일 화장실 청소 시켜서 늦게 온다고.

꼬마 엄마는 화가 나서 뒷날 학교에 쫓아와 수업 시간에 선생님한테 큰소리로 떠들었다. 애들이 다 쳐다보고 웅성거렸다. 그날부터는 화장실 청소 대신 운동장 휴지를 주우라고 했다.

수업이 끝난 뒤 운동장에서 휴지를 줍고 있는데 큰 시험지가 꼬마 앞으로 돌돌 말리면서 바람에 날려 오고 있었다. 꼬마는 그 시험지를 주웠는데 이름이 눈에 띄었다. 그것은 바로 꼬마 자신의 시험지였다. 꼬마 이름 밑에 빨간색 연필로 0점이라고 크게 쓰인 것을 보고 꼬마는 충격을 받았다. 겨우 이름만 쓸 줄 알고 학교에 갔다. 글자를 모르니 문제를 하나도 못 풀었다. 그 충격으로 서서히 혼자 공부를 하였다.

공부를 해보니 재미가 있어서 열심히 하게 되었다. 반에서 5등 안에 들고 반장도 하고, 선생님과 같이 애들 시험지를 빨간색 연필로 채점도 했다. 특히 수학을 잘하다 보니 주위 친구들에게 많이 가르쳐주기도 했다.

수업 중 쉬는 시간에 칠판 닦다가 우연히 교탁 위에 펼쳐져 있는 선생님이 들고 다니는 출석부를 보게 되었다. 거기에는 아이들의 아이큐가 적혀 있었다.

꼬마 이름이 아이큐가 반에서 두 번째로 높게 나와 있었다. 글을 몰라서 매일 화장실 청소한 것, 받아쓰기할 때 하나도 못 적어서 고개 숙이고 있었던 일들이 생각났다.

힘들었던 그때의 모든 기억이 생생하게 머릿속에 트라우마로 남아서 지금도 힘들게 하고 있다.

커피

학창시절, 내가 시샘하는 친구보다 시험을 더 잘 보고 싶다는 생각에 시험 하루 전 커피를 먹으면 잠이 안 온다는 말을 들은 적이 있어서 저녁에 커피 먹으면서 공부해야지라고 마음먹었다.

작은 유리병에 들어 있는 가루 커피 한 통을 식구들 몰래 나의 방으로 가지고 들어와 큰 대접에 찬물을 가득 담고 커피 한 통을 다 부어 저으니 잘 안 녹았다.

할 수 없이 대충 휘저어 마시는데 무슨 사약 먹는 것처럼 썼다. 그러나 잠이 안 온다는 신념 하나로 꾹 참고 한 대접을 다 먹었더니 물배만 가득 찼다.

책상에 앉아 책을 조금 보고 있으려니 졸음이 와서 조금만 자고 일어나서 밤 새워 공부해야지라며 잠깐 졸았던 것 같은데 일어나니 아침이었다.

오히려 다른 때보다 공부도 더 못하고 세수하고 곧장 학교로 갔다. 너무 속상했다. 커피가 야속해서 그 뒤로 커피하고 이별했다.

물도 끓이지 않고 찬 수돗물에 설탕도 프림도 안 넣고 그것도 커피 한 통을 다 부어 마셨으니 지금 생각해도 아찔하다.

오죽 답답한 행동을 많이 했으면 가족이 곰이라고 불렀을까….

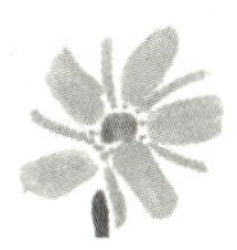

어머니

젊은 나이에 혼자 많은 애들을
키우신다고 고생 많이 하셨습니다.
어머니의 보살핌으로 여기까지
온 것에 감사에 또 감사드립니다.
추운 날이나 더운 날이나
무거운 물건을 받아 머리에 이고
가져와서 파셨던 어머니.
내내 고생만 하다가
나이 드시니 여기저기 다 아프셨지요.
저도 바쁘게 살아가다 보니
자주 찾아뵙지도 못하고
항상 마음만 저몄습니다.
어머니한테 받은 것
돌려드리지도 못하였습니다.
이제, 저도 어머니 나이가 되어가니
못해 드린 것에 마음 아파합니다.

어머니의 가슴속 한을 풀어드리지도 못하였습니다.
저의 가난한 살림과 힘들어하는 것
보시면서 항상 마음 아파하셨는데…
예쁘고 착하고 영리한 딸이라고
좋은 신랑 만날 거라고 항상 기대하셨는데…
그런 딸이 어머니가 상상도 못할
고통을 받고 있었다는 걸 모르시기에
다행이었습니다.
그저, 가난하고 마음고생하는 딸로만 기억하시니까요.
그 딸이 항상 눈물로 세월 보내고 있다는 것을
모르시는 게 다행입니다.
그 딸은 힘든 고통을 다 이기고 지금은
아주 편히 잘 지내고 있으니까요.
이것이, 다 어머니의 힘인 것 같고
어머니의 도움으로 제가 복을 받고 있는 것 갔습니다.
사랑하고 보고픈 어머니!
누가 어머니한테 나쁜 말을 하는 걸 들었습니다.
전 그 사람이 미웠고 보고 싶지도 않았습니다.
어머니의 고생으로 같이 먹고 지내온 사람이
어머니한테 나쁜 말 하는 것을.
그때 충격으로 각인이 되어
그 사람이 싫었습니다.
어머니의 한이 되었습니다.

모든 걸 운명으로 받아들이고 잠깐 망각합니다.
누가 뭐라 해도 나에겐 훌륭한 어머니입니다.
항상 내 옆에서 보살펴주시는 어머님께 감사함에
눈물이 핑 돕니다.

운동회

옛날 운동회를 할 때 6명씩 100m 달리기를 했다.
총소리와 함께 다들 뛰어나갔다.
난 열심히 뛰고 있는데
다른 애들은 저만치 달려가고 있었다.
난 뒤에서 누가 당기는 것처럼
발은 열심히 움직이는데
몸은 그 자리에 있는 것 같았다.
아니 뒤로 가는 느낌이었다.
분명 앞으로 달리고 있는데.
그러자 다음 팀이 나의 곁에 다가오고 있었다.
결승선 하얀 끈이 보였다.
내가 먼저 도달했다.
웬 아줌마가 날 잡더니 1등 깃발에 세우며
손등에 1이라는 도장을 찍어주었다.
조금 후 공책 3권을 가져와서 줬다.
나는 계속 얼떨떨했다.

아무도 나에게 말을 안 하고,
난 아닌 데라며 말할 기회도 없었다.
주위가 산만하니까.
운동장에 돗자리를 깔고 점심으로 김밥이랑 음료수,
과자를 싸 가지고 온 가족한테 공책을 내밀었다.
다들 놀란다. 달리기 1등 했냐고 "와!" 하며.
사실을 말했다.
내가 1등이 아니고
나는 앞 팀에서 꽁지였는데
뒤 팀에 섞여서 1등이 되었다고.
사실은 꼴등이다라고 하니까
다들 웃긴다고 난리였다.
난 달리기 정말 못하는데 너무 못하다 보니
뒤 팀에 섞여서 나도 모르게
엉겁결에 1등이 되었다.
지금 생각해도 너무 웃기는데
실제 뒤 팀 1등은 왜 아무 말도 안 했는지
뒤 팀 1등은 졸지에 2등이 되었다.
가끔 생각해도 너무나 웃긴 어린 시절 추억이다.